KURUMSAL DEĞİŞİM İÇİN GREINER BÜYÜME MODELİ

ANAHTAR BİLGİLER

- **İsimler:** Greiner Büyüme Modeli, Greiner'in örgütsel büyüme modeli.

- **Kullanım alanları:** Bir şirketteki krizleri yönetmek, stratejiyi tanımlamak ve kurumsal büyümeyi model-lemek.

- **Neden başarılı oldu?**

  - Model teorik olarak öngörücüdür. Şirketin faaliyet sektörüne ve çevresel faktörlerdeki değişikliklere bağlı olarak, kullanıcıların kuruluşun başa çıkmak zorunda kalacağı bir sonraki krizi (yapısal veya işlevsel değişiklik) bulmasına ve tahmin etmesine olanak tanır.

  - Kullanıcıların, kuruluşun geçmişinden gelen ve gelecekteki başarısı için kritik olan belirli göster-geleri belirlemelerine olanak tanır.

  - Hızlı büyüyen şirketlerin (startup'ların) nasıl çalış-tığını anlamayı kolaylaştırır.

- **Anahtar kelimeler:**

  - <u>Örgütsel değişim</u>: Belirli bir bağlamda yapının dönüşüm süreci.

KURUMSAL DEĞIŞIM IÇIN GREINER BÜYÜME MODELI

Krizleri öngörme ve değişen iş dünyasına uyum sağlama

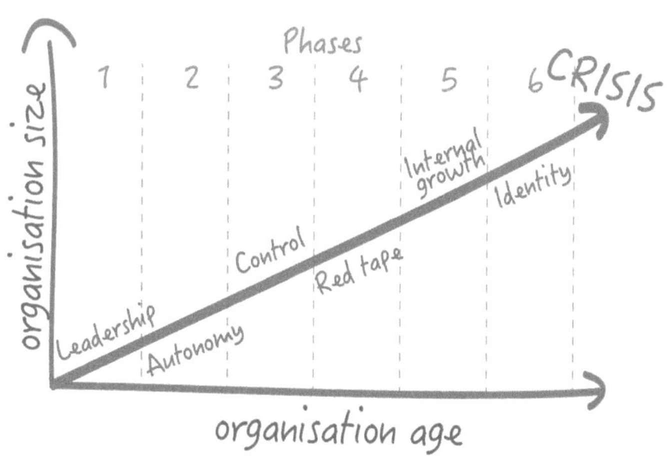

KURUMSAL DEĞIŞIM IÇIN GREINER BÜYÜME MODELI

Krizleri öngörme ve değişen iş dünyasına uyum sağlama

tarafından yazılmıştır Jean Blaise Mimbang
tarafından çevrildi Baris Şahin

- ○ <u>Organizasyonel yaşam döngüsü</u>: Bir şirketin kuruluşundan olası sona ermesine kadar geçtiği tüm aşamalar.

GİRİŞ

> *"Dünyanın herhangi bir bölgesinin tarihi, tıpkı bir askerin hayatı gibi, uzun can sıkıntısı ve kısa dehşet dönemlerinden oluşur. "*

İngiliz jeolog Derek V. Ager'den yapılan bu alıntı Stephen Jay Gould (Amerikalı paleontolog, 1941-2002) tarafından *The Panda's Thumb* (1982) adlı kitabında alıntılanan Ager'in bu sözü, genişletilerek insanlara ve şirketlere de uygulanabilir. Gerçekten de tıpkı insanlar gibi şirketler de varoluşları süresince çeşitli değişimler geçiren karmaşık organizasyonlardır. Bu değişimler, kuruluşun hayatta kalmasını tehdit edebilecek az ya da çok önemli kriz dönemlerini içerir.

Küreselleşmenin mevcut ekonomik gerçekliği karşısında tüm işletmeler rekabet edebilirlik sorunuyla başa çıkmak zorundadır. Bu zorluğun üstesinden gelmeyi başaran şirketler, değişim zamanlarını ve şirketin bir sonraki gelişim aşamalarını en iyi şekilde yöneten ve öngören şirketlerdir.

Larry E. Greiner (Amerikalı akademisyen, 1933 doğumlu) tarafından tasarlanan model, kuruluşun faaliyet sektörüne ve çevresel faktörlere bağlı olarak, bir şirketin şu anda hangi aşamada olduğunu görselleştirmesine ve yeni bir büyüme aşaması için bir fırsata dönüştürmek amacıyla yüzleşmek zorunda kalacağı bir sonraki krizi tahmin etmesine olanak tanır.

TARİH

Örgütsel değiĞimlerle ilgili teoriler savaĞ sonrası dönemden bu yana geliĞtirilmiĞ ve 1945 yılından bu yana gerçekleĞen üç büyük ekonomik dönemle karĞılaĞtırılmıĞ ve iliĞkilendirilmiĞtir (Desreumaux, 1996).

- İlk dönem savaştan sonra başlamış ve 1970'lerin başında sona ermiştir. Bu dönem, güçlü bir küresel ekonomik büyüme evresine tekabül etmekte ve denge halindeki bir sistemle sonuçlanmaktadır.

- İkinci dönem 1970'lerdeki petrol krizlerinin başlamasıyla başlamış ve 1980'lerin başındaki ekonomik krize kadar sürmüştür. Yüksek iş ölüm oranı ve önemli organizasyonel değişikliklerle karakterize edilen bu aşamada Greiner Büyüme Modeli 1972 yılında ortaya çıkmıştır.

- Üçüncü ve son tanımlanabilir dönem 1990'ların başından günümüze kadar uzanmaktadır. Sürekli değişimlerin yaşandığı bu evrenin ekonomik bağlamı, türbülans ve öngörülemezlik ile karakterize edilmektedir.

MODELİN TANIMI

Larry E. Greiner'a göre, bir şirket varlığı süresince, "krizler" olarak bilinen beş önemli anın arasına serpiştirilmiş, iyi tanımlanmış beş büyüme evresinden geçer. Bir aşamadan diğerine geçiş, organizasyonel sistemin evrimleşen doğasını işaret eden yapısal uyarlamalar yoluyla sağlanır.

Değişim aşamaları kuruluşun iç (yaş, büyüklük, büyüme ve devrim aşamaları, vb.) ve dış (rekabet, coğrafi konum, sektör büyüme hızı, vb.) faktörlerine bağlıdır. Beş büyüme aşaması şunlardır:

- Yaratıcılık;

- yön;

- Delegasyon;

- Koordinasyon;

- işbirliği.

Bu aşamalar potansiyel olarak beş krizle iç içe geçmektedir: liderlik, özerklik, kontrol, bürokrasi ve büyüme.

TEORİ

YAŞAM DÖNGÜLERİ

Bir kurumun tarihi boyunca hayatta kalmasını tehlikeye atabilecek az ya da çok önemli değişim aşamalarından geçmesi gibi, insanlar da zaman içinde kademeli olarak gelişirken, ölümlerine yol açabilecek kriz dönemlerinden geçerler.

Biyolojik yaşam döngüsü

Biyolojik yaşam döngüsü, bir organizmanın ana rahmine düşmesinden başlayarak tüm yaşamının gerçekleştiği zaman dilimine karşılık gelir. Genel olarak, biyolojik yaşam döngüsü doğumla başlar, ardından olgunluğa götüren bir büyüme dönemi, nihai bir düşüş döneminden önce ve son olarak ölüm gelir. İncelenen yaşam döngüsüne bağlı olarak, süreç karşılaştırılabilir olmasına rağmen terminoloji farklıdır.

Bunu insanın biyolojik yaşam döngüsü örneğini kullanarak açıklayabiliriz:

- Gebe kalmayı doğum ve çocukluk takip eder. Bu, 'fırlatma dönemi'dir.

- Ardından, aile çevresi içinde ve dışında farklı deneyimlerin çoğalmasıyla karakterize edilen ve 'büyüme' olarak adlandırılan evreye karşılık gelen ergenlik dönemi gelir. Bu dönemde insan deneme yanılma yoluyla kişiliğini en iyi şekilde inşa eder: büyür ve her gün yeni bilgi ve beceriler edinir. Bu büyüme evresinde, bir meslek seçmelerine yol açan yeteneklerini ve zayıflıklarını, aynı zamanda aşk gibi duygu ve hislerini de keşfederler. Tüm bunlar hayatlarında olumlu bir değişimi temsil eder.

- Son olarak, emeklilik ve yaşlılık gibi büyümeyi engelleyen olaylar kaçınılmaz olarak ortaya çıkar ve düşüş aşamasına geçişi işaret eder. Bu 'çürüme', tüm canlı organizmalar için kaçınılmaz olan ölüme yol açar.

İş dünyası: bir dizi yaşam döngüsü

İlk bakışta bir şirketin sadece bir yaşam döngüsü olduğunu düşünebiliriz. Ancak durum hiç de böyle değildir. Şirket çoğu zaman kendini bir yol ayrımında bulur, çünkü maddi yaşam döngüleri (ürün yaşam döngüsü, teknoloji yaşam döngüsü veya pazarlama yaşam döngüsü), insani ve sosyal yaşam döngüleri (personel yaşam döngüsü ve organizasyon yaşam döngüsü) ve bağımsız olarak yönettiği işletmenin yaşam döngüsü dahil olmak üzere birçok farklı yaşam döngüsü yaşar.

- Her ürün kendi yaşam döngüsünü takip ettiğinden, **ürün** yaşam döngüsü kavramı pazarlama uzmanları arasında düzenli olarak kullanılmaktadır. Bu döngünün genellikle dört aşaması vardır: lansman, büyüme, olgunluk ve düşüş. Bununla birlikte, bazı analistler, bir ürünü piyasaya sürmeden önce – insanlarda embriyonik gelişimde olduğu gibi – şirketin pazar araştırması yapması, prototipler üretmesi vb. gibi beşinci bir aşama ekler. Bu ek aşama geliştirme aşamasıdır ve ürünün lansmanı sırasında başarısızlık riskini azaltmayı amaçlar.

- **Ticari yaşam döngüsü** ürün yaşam döngüsüne benzer, tek farkı dördüncü aşamanın potansiyel bir yeniden lansmana karşılık gelmesidir.

- **Teknoloji yaşam döngüsü.** Ürünler gibi, teknolojinin de dört aşamadan oluşan kendi yaşam döngüsü vardır: erken teknoloji, gelişmekte olan teknoloji, kilit teknoloji ve çekirdek teknoloji.

- **Personel yaşam döngüsü.** Personel ile ilgili olarak, bireysel çalışanların kariyerlerine dayanan bir yaşam döngüsü de vardır. Bu döngü işe alımla başlar, bunu büyüme (eğitim, terfi vb. dahil), olgunluk (bu noktada çalışan daha yaşlıdır, bu nedenle orta vadede bir yedek aramak gerekecektir) izler ve düşüşle (işten çıkarma, emeklilik vb.) sona erer.

- Greiner'in beş aşamalı bir büyüme süreci olarak temsil ettiği **organizasyonel veya iş yaşam döngüsü.**

ORGANİZASYONEL DEĞİŞİM

Hatırlatmak gerekirse, kurumsal değişim belirli bir bağlam veya duruma referansla tanımlanır. Sürekliliğin aksine de tanımlanabilir.

Büyüme modelleri

Kurumsal değişimin hızına ilişkin teoriler 1950'lerin sonlarından bu yana önemli ölçüde gelişmiştir. Farklı yapısal tipolojilerin analizini kolaylaştırmak için, Alain

Desreumaux'nun (Fransız akademisyen, 1944 doğumlu) 1996 tarihli *Nouvelles formes d'organisation et évolution de l'entreprise* (Şirket Organizasyonu ve Evriminin Yeni Formları) adlı kitabında vardığı sonuçlara bakabiliriz.

Yazar, 'oyuncuların kontrol düzeyi' ('determinizm' ve 'gönüllülük' arasında bir ayrım yaparak) ve 'faktörlerin yerelleştirilmesi' ('içsel' ve 'dışsal' değişim faktörlerini ayırt ederek; bazı teorisyenler çevrenin sadece değişimin motoru değil, aynı zamanda kuruluşlarda seçim unsuru olduğunu düşünmektedir) boyutlarını kullanmaktadır.

Desreumaux'nun matrisi, kurumsal değişimin hızıyla ilgili ana teorilere genel bir bakış sağlar.

* **Determinizm.** Determinizmle bağlantılı hareketlerin temel özellikleri, kuruluşun atalet kapasitesi ve çevrenin yapılarını değiştirmedeki güçlü rolüdür. Gerçekten de çevre, esnekliklerini ve dolayısıyla değiğime uyum sağlama yeteneklerini geliğtirmemiğ kuruluğlar için bir seçim aracı olarak iğlev görmektedir. Bu düşünce ekolünde değişime katlanılır – hem örneğin kendilerini bir gecede işten çıkarılmış bulabilecek çalışanlar hem de mali dengeyi sağlayamayan şirketler tarafından. Tarihsel ve kültürel boyutlar, insanın değişime karşı doğal direnci, bilinmeyenden duyulan korku, vs. şirketin yeniden yapılanmasının önündeki en büyük engeller olarak kabul edilir. Bu neo-Darwinist görüş, kuruluşların uyum sağlama yeteneklerinin sınırlarını göstermeye çalışmaktadır. Amerikalı sosyologlar Michael T. Hannan ve John H. Freeman (1977) tarafından ortaya atılan radikal bir görüğe göre liderlerin çevre

üzerinde hiçbir kontrolü yoktur. 1978 yılında Jeffrey Pfeffer (örgütsel davranıG uzmanı, 1946 doğumlu) ve Gerald R. Salancik (örgüt teorisyeni, 1943-1996) tarafından desteklenen daha az determinist görüG ise değiGim dönemlerinde liderlere sembolik bir rol atfetmektedir.

- **Gönüllülük.** Gönüllülük hareketi, katılımcıların kuruluş içinde bir değişim dinamiği yaratma becerisi ile karakterize edilir. Buradaki değişimin motoru, kurumu değiştirme yeteneğine ve iradesine sahip olan yöneticilerin proaktif rolünden gelmektedir. Kurumun kaderi yöneticilerin ve gücü elinde bulunduranların elindedir. Bu düGünce ekolünün ana temsilcisi John Child "dır (yönetim ve organizasyon teorisyeni, 1972). Örgütsel değiGim, kademeli ve sürekli olarak gerçekleGtirilen stratejik proaktif öngörüye konu olan, yöneticiler tarafından kontrol edilen bir araç olarak algılanmaktadır. Stratejik ve örgütsel güç, yöneticilerin değişim konusundaki istekliliğine ve meşru olarak tanınma becerilerine dayanmaktadır: bu tür bir yönetici artık 'ilham veren lider' olarak tanımlanmaktadır. Stratejik seçim teorisi akımı, Gerry Johnson (stratejik yönetim profesörü, 1987) ve Alain-Charles Martinet'in (Fransız yönetim bilimleri ve işletme yönetimi profesörü) stratejik planlama teorilerini içermektedir. Bu iki yazara göre değişimin hızı, liderin kurum içinde değişim için son tarihler koyma becerisi sayesinde devrimci bir yön alabilir. Değişim ve dolayısıyla sosyal yapıların dönüşümü, farklı bireyler arasındaki sürekli etkileşimin sonucudur (yeni çözümlerin düşünülmesine olanak tanıyan kolektif zeka). "Hedeflerin formüle edilmesi, geliştirilmesi, değiştirilmesi ve aktörler arasındaki etkileşimin bir tekrarı" olarak anlaşılabilir[1] (Giordano, 1995). Bununla birlikte, sabit bir sıra yoktur ve kuruluşun yapısındaki kriz dönemlerini tahmin etmek veya belirlemek zordur.

Organizasyonun gelişimi

Genel olarak, dört aĞamanın kuruluĞun geliĞimine iĞaret ettiği düĞünülmektedir: istikrarlı ve sürekli aĞama, derin değiĞimin olmadığı büyüme aĞaması, kontrolsüz değiĞim aĞaması ve kuruluĞun derin dönüĞüm aĞaması.

- **İstikrar ve süreklilik.**

- **Artımlı değişikliklerin ortaya çıkması:** bu dönemde, sürekli değişiklikler kuruluşun tüm yapısını bozmadan gelişmesine izin verir. Organizasyonun temel belirleyicileri esas olarak Ğirketin tarihi, kültürü ve mevcut organizasyon yapısından oluĞmaktadır. Örgütsel değişim esas olarak içsel faktörler tarafından başlatılır. Büyüme aşamaları, 1992 yılında Kanadalı akademisyenler Henry Mintzberg ve Frances Westley tarafından yeniden canlanma aşamaları olarak tanımlanmıştır. Desreumaux tarafından geliştirilen örnekte bu, 1945 ve 1973 yılları arasındaki ekonomik büyüme dönemine karşılık gelmektedir.

- **Kaos.**

....

1. Bu alıntı 50Minutes.com tarafından tercüme edilmiştir.

- **Yapısal devrim:** kurumsal değiĢimin devrimsel süreçleri genellikle dıĢ çevreden gelen ve kurumları yok olma riski altında hızlı bir Ģekilde geliĢmeye iten yüksek baskı evrelerine karĢılık gelir. Bu durumda örgüt, değiĢimi kabul etme kabiliyetinin sınırlarına kadar zorlanır. Desreumaux'ya göre bu evreler 1970'lerin ortalarında kısmen petrol krizleriyle bağlantılı ekonomik çalkantılarla ortaya çıkmıştır. Bunlar iş modellerinin, organizasyon yönetiminin temellerinin ve organizasyonun çekirdek yapısının sorgulanmasını içeren aşamalara karşılık gelmektedir. İkincisi, bireyler ve birey gruplarından gelen değişime karşı güçlü direnç ile karakterize edilir.

Mintzberg ve Westley'in (1992) "geri dönüş dönemi" olarak adlandırdığı bu devrimsel aşamayı geçmek için kuruluşların öncelikle iki kilit unsurun, yani kriz ve acil durumun yönetimine odaklanmaları gerekecektir. Bu noktada, geleceği inşa etmek için geçmişi yok etmeleri gerekir.

 ## DEĞIŞIME KARŞI DIRENÇ

Kriz zamanlarında, değişim bireyler tarafından dramatik bir olay olarak algılanabilir. İletişim açık değilse, kendilerini tehdit altında hissedebilir, belirsizlikten korkabilir ve spontane muhalefetlerini gösterebilirler (örneğin grevler yoluyla). DeğiĢime karĢı direnç, kendilerini korumaya çalıĢan ve bu Ģekilde kendi iĢlevlerini ve/veya meĢruiyetlerini tehlikeye atabilecek kurumun denge ve istikrarının sorgulanmasına karĢı kendilerini savunan bireylerin doğal bir tepkisidir. Jeffrey Pfeffer ve Gerald R. Salancik de dahil olmak üzere pek çok teorisyen değişime direnç mekanizmalarını açıklamaktadır (belirsizliğe tepki olarak psikolojik ve sosyal engelleme mekanizmaları vb.)

Connie Gersick (örgütsel davranıĞ uzmanı, 1991) değiĞim kapasitesinin sınırlarını analiz etmek için Ģirketin geçmiĞini dikkate almanın önemini vurgulamaktadır. Ayrıca, Nils G.M. Brunsson'a (İsveçli ekonomist, 1982) göre, devrim niteliğindeki değişim süreci, kurumun bakış açısında belirsizlik ve motivasyon kaybı yaratan ve değişim sürecinin aşamalı olmasını engelleyen bir değişimle karakterize edilir.

YAŞAM DÖNGÜSÜNE AŞAMALI YAKLAŞIMLAR

Gördüğümüz gibi, bu Darwinci yaklaşım biyolojiden esinlenmiştir: kuruluş canlı bir organizma olarak görülür ve büyüme doğal bir olgu olarak değerlendirilir. Bu perspektiften bakıldığında, kurumsal değiĞim bir dizi kümülatif artımlı değiĞikliği içerir. Organizasyon, sınırlı olduğu sürece değişimi kabul edebilir, önemli değişiklikler ise küçük değişikliklerin fark edilmeden birikmesinin sonucudur. Bu teori, geleneksel değiĞim vizyonunu aĞamalar olarak adlandırılan mantıksal diziler etrafında yapılandırılmıĞ kademeli ve artımlı bir süreç olarak tanımlar. Bu teorinin ana savunucusu James B. Quinn (1980), değişimin, hepsi birbirini etkileyen birçok küçük olayın toplamı olduğuna inanmaktadır.

Yaşam döngüsü teorisi nispeten eskidir ve yönetim literatüründe çok yaygın olarak kullanılmaktadır. Bazı durumlarda, stratejik değişikliklerden ziyade organizasyonel değişikliklere uygulanabilir.

Mintzberg ve Westley 1983 yılında bir kuruluşun yaşam döngüsünün beş aşama etrafında yapılandırıldığını gözlemlemiştir. Ğlk aĞama, hedefleri belirleyen vizyoner bir lider tarafından somutlaĞtırılan geliĞim aĞamasıdır. Ğkinci aĞama, organizasyon yapısının planlanması, prosedürlerin uygulanması ve organizasyonun yapılandırılması ile karakterize edilen istikrar aĞamasıdır. Bu aĞamayı, mücadele aĞamasının aksine, kurumsal yapı ve stratejide küçük değiĞikliklerin yapıldığı adaptasyon aĞaması takip eder. İkinci aşama, kurumu yeni bir stratejik yön bulmaya zorlar. Daha sonra örgütte düzensizlik, meydan okumalar, güç oyunları ve mevcut yapının sorgulanması gözlemlenir. Devrim aşaması, şirketteki stratejiyi, kültürü, yapıları ve bireyleri etkileyen değişiklikleri içerir. Mintzberg kademeli değiĞimle ilgilenir ve kurum içinde ani, kısa ve yoğun değiĞim dönemlerinin varlığını kabul eder.

LARRY E. GREİNER'IN BÜYÜME MODELİ

Larry E. Greiner (1972), şirket gelişiminin geçmişini tanımlamak için, kuruluşun geçmişinden gelecekteki başarısı için önemli olabilecek göstergelerin belirlenmesini önermektedir.

Greiner, kilit başarı faktörlerini ve zaman içindeki ekonomik performansı belirlemek için şirketin geçmişini bilmenin önemli olduğuna inanmaktadır. Dış pazar fırsatlarının bir şirketin stratejisini belirlediğini ve bunun da kuruluşun yapısını belirlediğini savunur. Bu yapı, şirketin gelecekteki büyümesi için merkezi bir öneme sahiptir.

Ona göre, her örgüt varlığı süresince iyi tanımlanmıĞ beĞ aĞamadan geçer. Her aşama kademeli bir değişimle karakterize edilir, bunu bir geçiş krizi veya kısa bir devrim dönemi izler. Şirketin bir sonraki aşamaya geçmesini sağlayan şey bu krizin çözülmesidir.

Yaratıcılık aşaması

Bu ilk aşama, genellikle teknisyen veya girişimci olan, lider veya hatta yönetici olması gerekmeyen kurucular tarafından şirketin büyüyen bir pazarda faaliyete geçirilmesine karşılık gelir.

Kuruluş içindeki iletişim sık ve gayri resmi, kurucular ve ilk çalışanlar saatlerini saymıyor ve genellikle mütevazı maaşlardan memnunlar. Birincil motivasyon başarılı bir proje lansmanıdır. Sorumlulukları her zaman net bir şekilde tanımlanmamıştır, her birinin oynaması gereken birkaç farklı rol vardır ve günlük görevlerini genellikle meslektaş karar alma mekanizmaları aracılığıyla şevkle tamamlarlar: kuruluşun inşasında aktif bir rol alırlar. Bu aşamadaki risk, kuruluş üyelerinin taahhütleri ve ayrılmalarıyla ilgilidir (*affectio societatis* kavramı), çünkü yeni yapının dengesini bozmak için fazla bir şey gerekmez.

 **AFFECTIO SOCIETATIS**

Bu Latince terim, bir şirketin sermayesine ortaklaşa katılan insanlar arasındaki ilişkiyi ifade eder: birlikte

yatırım yaparlar, karar alma mekanizmasını paylaşırlar, faydaları ve riskleri paylaşırlar vb. En önemlisi, *affectio societatis*, mantıken şirket aktif olduğu sürece sürmesi gereken belirli bir uyum sağlar. Ne yazık ki durum her zaman böyle değildir.

Bu durum bir **liderlik krizine** yol açar. Bu durum, büyüyen ve zenginleşen şirketin, mal ve hizmet üretimi, muhasebe, insan kaynakları yönetimi vb. alanlardaki faaliyetlerini 'işlevlerin uzmanlaşması' ilkesine göre yeniden yapılandırması gerektiğinde ortaya çıkar. Greiner'e göre kurucular gerekli tüm becerilere makul bir şekilde sahip olamazlar ve yeni çalışanları ilk ekiple aynı şekilde motive edemezler. Ayrıca, gerçekten etkili, profesyonel yöneticiler olmayabilirler ve karmaşık yönetim kararlarını kavrama becerisinden yoksun olabilirler.

Bu krizin çözümü, gerekli işlevsel yapıların nasıl uygulanacağını bilen deneyimli yöneticileri işe almaktır. Ancak, kurucular ve ilk çalışanlar kuruluşun orijinal ruhunu ve gayri resmi karakterini korumaya meyilli olabileceğinden (gücü elde tutma arzusu, sınırlarının farkına varmaktan kaynaklanan özgüven krizi, vb.)

Yön aşaması

Bir birey gücü eline almış ve kuruluşu yönetmektedir, bu da kuruluşun daha resmi bir ortamda büyümesini sürdürmesine ve pazarlama ve üretim gibi farklı faaliyetlere odaklanmasına olanak sağlamaktadır. Bireyleri motive etmek için finansal teşvikler ortaya çıkmaya başlar.

Ancak öyle bir zaman gelir ki ürünler ve süreçler o kadar çoğalır ki tek bir kişinin bir günde her şeyi yönetmesi imkansız hale gelir. Bazen yeterli zaman yoktur; diğer zamanlarda ise işlenecek bilgi (ürün ve hizmetler) akışı çok fazladır. Sonuç olarak, kuruluş yeni bir kriz dönemine girer: özerklik. Özerklik **krizi,** delegasyona dayalı yeni yapılar oluşturma ihtiyacının yanı sıra büyümeyle ilgili finansman sorunlarıyla da bağlantılıdır.

Bu krizin çözümü, sadece liderlik sorumluluklarının şirketin diğer üyelerine devredilmesine dayalı olarak organizasyonun yeniden yapılandırılmasını değil, aynı zamanda organizasyona yerli ve/veya yabancı sermayenin girişini de içerir.

Delegasyon aşaması

Özerklik krizinin çözümü, yetkinin üst yönetimden orta düzey yöneticilere devredilmesine yol açar. Bu yöneticiler yeni ürünlerden, pazarlardan, rakiplerden, teknolojilerden ve müşteri istek ve beklentilerinden kaynaklanan fırsat ve tehditlere hızlı bir şekilde tepki vermekte özgürdür. Bu şekilde kuruluş büyümeye devam eder.

Sermaye koyan kişilerin şirketi kendilerinin yönetmesi gerekmez. Çoğu durumda, kendilerini temsil etmesi ve sermayelerinin verimli bir şekilde kullanılmasını sağlaması için bir temsilci atarlar.

Bu yetki devri daha sonra bir **kontrol krizine** yol açabilir. Kuruluşun temel sorunlarını kendi başına çözmeye devam etmek isteyen genel müdür, bu işi bırakmakta zorlanır. Ancak, kuruluşun yapısı tek bir lider için çok büyük hale gelmiştir. Böylece, gururlarından dolayı birçok kurucu farkında olmadan kuruluşlarının çöküşüne neden olur.

Bu krizin çözümü, daire başkanlığı pozisyonlarının ve yeni ofislerin (departmanlar veya iştirakler) oluşturulmasını içeren dikkatli bir delegasyon gerektirmektedir. İlerlemek için yeni liderlerin hedeflerini, görevlerini ve sorumluluklarını net bir şekilde yeniden tanımlamak ve onları yeni görevlerinde desteklemek gerekecektir.

Koordinasyon aşaması

Büyüme, ürün, hizmet ve kaynak gruplarına ayrılmış ve yeniden organize edilmiş iş birimleriyle (yasal statülerine bağlı olarak departmanlar veya iştirakler) devam eder. İdeal olarak, hedefler tüm şirket tarafından paylaşılırken, kendi amaçları da olan farklı departmanlar göreceli özerkliğe sahiptir.

Bürokrasi o kadar önemli hale gelir ki maliyetler kuruluşun büyümesini olumsuz etkiler. Bu şekilde büyüyerek idari formaliteler kuruluşun birincil misyonunu belirsizleştirir. Böyle bir aşama, esneklik kaybıyla karakterize edilen bir **bürokrasi veya bürokrasi krizine** yol açabilir.

Bu krizin üstesinden gelmek için şirketin vizyonuna ve temel görevlerine odaklanan yeni bir kültür oluşturması ve yeni, daha esnek, uyarlanmış ve motivasyonel bir yapı ortaya koyması gerekecektir.

İşbirliği aşaması

Maliyetlerin azaltılması ve kârın maksimize edilmesi amacıyla yönlendirme ve koordinasyon aşamaları yeni, ilham verici ve motive edici bir liderlik tarafından yürütülür ve kuruluşun önceliklerine yeniden odaklanması teşvik edilir. Terfiler, iş rotasyonları ve eğitimler insanların işlerinde mükemmelleşmelerini sağlar. Bu aşama bir iç büyüme kriziyle sona erer. Daha geniş anlamda Greiner, işbirliği yoluyla büyümenin gelecekte bir krize neden olabileceğini öne sürmüştür, ancak bu 1972'de tanımlanmamıştır.

Gelecekteki gelişmeler

Yakın zamanda Greiner orijinal modeline altıncı bir aşama eklemiştir. Daha fazla büyümenin ancak kuruluşun çekirdek olmayan faaliyetlerinin dış kaynak kullanımıyla (tamamlayıcı kuruluşlarla ortaklıklar geliştirerek) sağlanacağını öne sürüyor.

Kurum dışı çözümlerle büyümeye olanak tanıyan bu altıncı aşama, bir dizi önemli avantaja sahiptir:

- Şirketin temel yetkinliklerinin ana işine yeniden odaklanması;

- Yönetimin büyüklüğünde ve karmaşıklığında azalma (küçülme);

- maliyet sınırlaması (personelle ilgili daha az sabit maliyet ve rekabetten etkilenebilecek daha fazla ticari maliyet);

- kalite güvencesi (hizmet sağlayıcı konumunu korumak ister);

- Kendi gelişim stratejilerine bağlı olarak yukarı akış (tedarikçi) ve aşağı akış (dağıtım) ortaklarını değiştirebilen şirket için daha fazla esneklik.

👁 İŞ GELİŞTIRME PLANININ YORUMLANMASI

Her kuruluş göreceli istikrar ve kriz dönemleri yaşar. Şirket belirli bir büyüklüğe veya yaşa ulaştığında uygun görünen insanlar, yapılar ve prosedürler, kuruluş büyüdüğünde ve olgunlaştığında artık uygun değildir. Bu nedenle, kuruluşlarının geçmişinin farkında olan yönetim, yaklaşan krizi öngörebilir, ulaşılan gelişim aşamasına uygun önlemler alarak krize hazırlanabilir ve böylece kritik bir durumu yeni bir büyüme aşamasının başlangıç noktasına dönüştürebilir.

Henüz tüm kuruluşlar bu beş aşamadan geçmemiştir. Bazıları, belirli bir büyüklük ve karmaşıklıkta istikrarlı hale gelirlerse, ilgili aşamada süresiz olarak kalabilirler. Sadece Avrupalı ve özellikle de Amerikalı dev şirketler şu anda Greiner Büyüme Modeli'nin son aşamasındadır. Ancak gelişmekte olan her kuruluş bu birbirini izleyen sakin ve kriz dönemlerini yaşamalıdır; bir aşamadan diğerine geçiş hızı şirketin ve sektörün gelişme hızına bağlıdır.

Bir startup (büyük gelişme potansiyeli olan ve hızlı büyümesini finanse etmek için önemli yatırımlar gerektiren yenilikçi bir şirket) söz konusu olduğunda, girişimci fikrini gerçeğe dönüştürmek ve ürün veya hizmeti piyasaya sunmak istiyorsa, yalnızca finansal kaynaklara değil, aynı zamanda işin başlatılması, geliştirilmesi ve sürdürülebilirliği için gerekli yönetim becerilerine de sahip olmalıdır. Bir startup'ın gelişim süreci aşağıdaki gibi ayrıştırılabilir:

Bir fikrin doğuşu ve ortak ve/veya iş arkadaşı arayışı;

Projenin alışılmadık bir şekilde kurulması, bilgilendirme ve tanıtım aşamaları;

Kamuoyunun sunulan ürün veya hizmete ilgi duyması ve envanter yönetimi ve tedarik sorunlarının başlaması;

Şirketin gelişimini takiben deneyimli yöneticilere yetki devri;

Şirketin 'çok büyük' hale gelmesi, şirketin gelişimini engelleyen bürokratik sorunlara yol açar; stratejide herhangi bir değişiklik yapılmazsa, bu durum şirketin gerilemesine yol açabilir.

Greiner Büyüme Modeli'nin doğru kullanımı, yeni kurulan şirketlerin genellikle büyük ekonomik sorunlar veya ciddi iç karışıklıklar olmaksızın dört ila sekiz yıl boyunca kesintisiz büyüme kaydettiğini bilen liderlerin sonraki adımları öngörmesine ve kuruluşun sürdürülebilirliğini sağlamasına olanak tanır.

SINIRLAMALAR VE GENİŞLETMELER

SINIRLAMALAR VE ELEŞTİRİLER

Greiner Büyüme Modeli'nin amacı, iş dünyası liderlerini, şirketlerinin büyüme sürecinde karşılaşacakları olası krizler konusunda uyarmaktır. Bununla birlikte, bu teorinin sınırlamaları vardır ve bir dizi eleştiriyle karşı karşıya kalmıştır:

- İlk olarak, birçok kuruluşun genellikle karmaşık olmayan organik yapılarla başlayıp çok karmaşık yapılara ulaştığı doğru olsa da, tüm kuruluşların mutlaka bu aşamaların her birinden geçtiğini iddia etmek mantıksız olacaktır. Bazı işletmeler durgunlaşır, geriler veya adım atlarken, diğerleri daha büyük şirketler tarafından satın alınır veya iflas eder.

- İkinci olarak, bu şirket büyüme senaryosu çok teorik kalmaktadır. Bugüne kadar hiçbir çalışma krizlerin tetiklendiği kritik eşikleri doğru bir şekilde tespit etmemiştir. Başka bir deyişle, bu model operasyonel bir araçtan ziyade bir analiz çerçevesi niteliğindedir.

- Greiner Büyüme Modeli, değişimin belirleyicilerine ya da değişim süreçlerinin kendisine ışık tutmamaktadır. Dahası, başarısızlığın nedenlerini, değişimin altında yatan sebepleri veya krizlerin nasıl geliştiğini açıklamamaktadır.

- Model, kullanıcıların olgunluğu takip eden aşamayı analiz etmesine izin vermemektedir ki bu da mevcut işletmelerin çoğunun bulunduğu aşamadır.

- Son olarak, yazar analizinde kuruluşun farklı bölümleri arasındaki etkileşimleri veya değişim hızının rastlantısallığını dikkate almamaktadır.

İLGİLİ MODELLER VE UZANTILAR

Noktasal denge modeli

Bu model, değişimin yönetilmesinde lidere sınırlı bir rol vererek tarihsel boyuta dayanır. Bu yönüyle, çoğu sistemin kabul edilebilir değişim açısından sınırları olduğunu düşünen gönüllülük ekolüne benzer. Bu sınırların ötesinde, şirketin büyümesi temel bir yeniden yapılanmaya uğrar. Bu Greiner tarafından oluşturulan modele aykırıdır.

Noktasal denge modelinin arkasındaki düşünürler 1983 yılında Elaine Romaneli (stratejik ve girişimci yönetim profesörü) ve Michael L. Tushman (stratejik yönetim uzmanı) olmuştur. Bir kuruluşun, şirket ve paydaşları için travmatik olan stratejik yeniden yönlendirme dönemleri arasına serpiştirilmiş uzun istikrar dönemleri yaşadığını belirtmektedirler. Şirketin çekirdek yapısını, şirketin değerlerinin beş boyutuna göre karakterize etmektedirler:

- ürünler;

- pazarlar ve teknolojiler;

- Organizasyondaki güç dağılımı;

- organizasyon yapısı;

- kontrolün niteliği ve türü.

Noktasal denge teorisinin ana savunucusu, bu teorinin yönetim ve biyoloji alanlarında, bireyler, birey grupları ve işletmeler gibi farklı analiz düzeylerinde uygulanabilirliğini doğrulamaya çalışan Connie Gersick'tir.

Diğer uzantılar

Finans uzmanı David Marsh (1952 doğumlu), kurumsal değişimin operasyonel süreçlerini detaylı bir şekilde analiz etmek amacıyla, kurumun günlük yaşamına odaklanan bir değişim teorisi geliştirmiştir.

Andrew Pettigrew'a (Oxford Üniversitesi'nde strateji ve organizasyon profesörü, 1944 doğumlu) göre değişim, iki istikrar dönemi arasında belirli bir an olarak değil, kriz zamanlarında daha görünür olan ve sürekli var olan bir unsur olarak görülmelidir. Yazara göre, kurumsal değişim süreci şirket kültürü ve politikasına bakılarak anlaşılabilir. Yazar, örgütsel değişimin görünür ya da planlı olmayan kademeli bir sürecin resmileştirilmesi olduğunu vurgulamaktadır.

Buna ek olarak, Henry Mintzerg (1992) genellemelerin, hipotezlerin doğrulandığı vakaların, durumların ve bağlamların vurgulanmasından daha az değerli olduğunu belirten bir fikir birliği olduğunu düşünmektedir. Değişim, kuruluşun üst kademelerinden gelir ve alt kademeleri tarafından uygulanır.

PRATİK UYGULAMA: KODAK

Ocak 2012'de, önde gelen fotoğraf makinesi üreticilerinden Kodak'ın iflasını açıklamasıyla fotoğraf dünyasını sarsan bir kriz yaşandı. Ancak Eastman Kodak Company için her şey iyi başlamıştı.

YARATICILIK AŞAMASI

Kurucusu George Eastman (Amerikalı sanayici, 1854-1932) tarafından yürütülen araştırmaların ardından Kodak grubu, 1885 yılında emülsiyon plakalarının (kaliteli fotoğraflar elde etmek için fotografik destek) üretimi için yöntem ve aparat üzerine patent başvurusunda bulundu. "Siz düğmeye basın, gerisini biz hallederiz" sloganıyla ünlü Kodak markası ilk kez 1888 yılında, fotoğraf filmi kullanan ilk kameraların ABD'de piyasaya sürülmesiyle ortaya çıktı. Bu noktadan itibaren şirket yenilikçi olarak tanındı: fotoğraf filmi kullanan kameraları ve katlanabilir cep kameralarını dünya çapında pazarladı ve yaygınlaştırdı.

Bu büyüme aşaması liderlik krizine yol açtı. Dünya çapında birçok fabrikası ve binlerce çalışanı olan Kodak grubunun başına George Eastman'ın yerine William G. Stuber (Amerikalı yönetici, 1864-1959) geçti ve 1934 yılına kadar bu görevde kaldı. Ardından birkaç deneyimli yönetici daha onu takip etti.

YÖN AŞAMASI

1960 yılına gelindiğinde Kodak'ın yaklaşık 80.000 çalışanı vardı. Şirketin katlanarak büyümesi, 1975 yılında Amerikalı mühendis Steve Sasson (1950 doğumlu) tarafından geliştirilen dijital fotoğraf makinesi de dahil olmak üzere birçok icatla devam etti. Bu ürün, Kodak'ın hakim olduğu kârlı fotoğraf filmi pazarına zarar verme korkusuyla ya çok az pazarlandı ya da hiç pazarlanmadı. Birçok gözlemciye göre, daha sonra çok uluslu şirketin çöküşüne neden olacak şey tam da bu dijitalleşmeydi. 1981'de 10 milyar doları aşan satışlarıyla şirket sadece fotoğraf makineleriyle değil, aynı zamanda görüntülerin eğlence, telefon, bilim, eğlence ve ticaret alanlarında kullanımıyla da tanınıyordu.

Kodak, etkisini güçlendirmek için Charles *Pathé'nin* (film ve kayıt endüstrilerinin Fransız öncüsü, 1863-1957) sahibi olduğu *Compagnie Générale des Établissements Pathé Frères Phonographes & Cinématographes* ile ortaklık kurdu. Bu birliktelik Kodak-Pathé şirketiyle sonuçlandı ve birçok film yapımının arkasında yer aldı.

Şirket araştırma ve geliştirmeye yatırım yapmaya devam etti ve bu nedenle birkaç mühendisin yanı sıra çeşitli yönetim kademelerini de istihdam etti. Bu durum yönetim ile araştırma laboratuvarları arasında bir bölünme yarattı ve bazı talihsiz stratejik kararların alınmasına neden oldu. Yöneticiler, fotoğraf filmi satışından elde edilen yüksek marjları tehlikeye atma korkusuyla devrim niteliğindeki bazı yeniliklerin (CCD görüntü sensörleri, dijital X-ışınları, dijital fotoğrafçılık, vb) pazarlanmasına izin vermedi.

Kodak bir özerklik krizi yaşadı: birçok mühendis, eski işverenlerinin rızasıyla buluşlarını başka yerlerde pazarlamak için şirketten ayrıldı.

DELEGASYON VE KOORDİNASYON AŞAMASI

Hafif bir düşüşe rağmen, şirketin büyümesi önemli mali kaynaklar sayesinde devam etti (satılan her bir dolarlık Kodak fotoğraf filmi için araştırma beş sent alıyordu).

Artık bir kontrol krizi ortaya çıkıyordu: laboratuarlarda nispeten laissez-faire bir tutum hakimdi; ticari hizmetler teknoloji veya tüketici ihtiyaçları yerine ürünlere dayalı araştırmaları tercih ediyordu; yeniliklerin pazarlanmasına ilişkin tartışmalar ve kararlar aylar sürüyor, değerli zaman israf ediliyordu. Bazen bir yeniliği analiz etmeden reddeden satış temsilcileri, birkaç ay sonra araştırmacılardan yeniliği geliştirmelerini istiyordu (bürokrasi krizi).

Bu kontrol krizini çözmek için Colby H. Chandler Mayıs 1983'te Kodak'ın CEO'su olarak atandı ve Haziran 1990'a kadar bu görevde kaldı. Yönetim görevlerinin ve işlevlerinin yeniden tanımlanmasından sorumluydu. Bürokrasi krizinin çözümü ancak Ocak 2012'deki iflastan sonra görülebilecekti.

İŞBİRLİĞİ AŞAMASI

Uzun yıllar boyunca kârlı fotoğraf filmi pazarıyla sınırlı kalan Kodak, dijital pazara geç girdi ve EasyShare ürün serisiyle başarısız oldu. Şirket 2007'den itibaren mali zorluklar yaşamaya başladı. Bunun üzerine patentlerini satmaya, departmanlarını yeniden yapılandırmaya, yeni ortaklıklar kurmaya, dünya çapındaki birkaç iştirakinden ayrılmaya ve modern teknolojilere (dijital fotoğrafçılık ve sinema) daha fazla odaklanmak için geleneksel işini (fotoğraf filmi) terk etmeye karar verdi.

Ne yazık ki tüm bu çabalar beklenen sonuçları vermedi. Ocak 2012'de şirket ABD iflas yasasının koruması altına alındı. İflas başvurusunda bulunduktan ve 13 fabrikayı kapattıktan bir yıl sonra Kodak, 8.500 çalışanıyla yeniden işe başladı. Teknik olarak hazır olan şirket, merkez sahneye geri dönmek için uygulamalar (hala prototip aşamasında) geliştirdi. Ancak, ürkek toparlanmanın kalıcı olması için çeşitli yeniliklere ve ilham verici ve motive edici liderlere ihtiyaçları olacaktı.

Kodak şu anda benzersiz bir mürekkep püskürtmeli yazıcı serisi sunuyor. Bu yeni nesil yazıcılar, fotokopi işlevi görebilen bir tarayıcıya sahip ve HP veya Epson gibi rakiplere kıyasla daha düşük maliyetlerle baskı almaya olanak tanıyor.

ÖZET

- Larry E. Greiner, bir şirketin büyüme süreci boyunca dönüşümlü olarak büyüme ve kriz evreleri yaşadığını göstermiştir. Bu değişim dönemleri bir kuruluşun ayrılmaz bir parçasıdır. Sürdürülebilirliğini sağlamak için kuruluşun yaşam döngüsü konseptini benimsemesi ve faydalarından yararlanmak ve pazarda kendini kanıtlamak için bundan tam olarak yararlanması gerekir.

- Bir şirketin yaşam döngüsünün beş aşaması şunlardır:

    - Yaratıcılık;

    - yön;

    - Delegasyon;

    - Koordinasyon;

    - işbirliği.

- İş dünyasının yaşam döngüsü ile insanlarınki arasındaki yadsınamaz paralelliklere rağmen, bazı şirketler büyüme döngüsünün son aşaması olan gerileme veya ölümü deneyimlemeyebilir.

- Greiner Büyüme Modeli operasyonel bir araçtan ziyade bir analiz çerçevesi olsa da, noktasal denge modeli, özellikle Andrew Pettigrew tarafından oluşturulan modelle, belirli değişim döngüleri açısından bu yaklaşımların ötesine geçmenin mümkün olduğunu göstermektedir.

- Son olarak Kodak'ın hikayesi, inovasyon ve değişimin bir şirketin başarısında kilit faktörler olduğunu göstermektedir.

- Son olarak Kodak'ın hikayesi, inovasyon ve değişimin bir şirketin başarısında kilit faktörler olduğunu göstermektedir.

DAHA FAZLA OKUMA

BİBLİYOGRAFYA

Atamer, T. ve Calori, R. (1998) *Diagnostic et décisions straté-giques.* Paris: Dunod.

Barthélemy, J. (1999) L'externalisation : une forme organi-sationnelle nouvelle. *Actes de la huitième conférence de l'Association internationale de management stratégique.*

Demers, C. (2007) *Örgütsel Değişim Teorileri: Bir Sentez.* Thousand Oaks: Sage Publications, Inc.

Desreumaux, A. (1996) Nouvelles formes d'organisation et évolution de l'entreprise. *Revue française de gestion.* pp. 86-108.

Deval, E. ve Nury, G. (2009) *La notion de cycle biologique intégrée par le management.* Valence: Institut Supérieur Technologique Montplaisir.

Gersick, C. (1991) Devrimci Değişim Teorileri: Punctuated Equilibrium Paradigmasının Çok Düzeyli Keşfi. *The Academy of Management Review.* Cilt 16, s. 10-36.

Giordani, Y. (1995) Management stratégique et change-ment organisationnel : quelles représentations? *Les nou-velles formes organisationnelles.* Paris: Economica. s. 161-179.

Gould, S. J. (1990) *The Panda's Thumb.* Londra: Penguin.

Greiner, L. E. (1972) Organizasyonlar Büyürken Evrim ve Devrim. *Harvard Business Review.* pp. 37-46.

Henriet, B. (1999) La gestion des ressources humaines face aux transformations organisationnelles. *Revue française de gestion*. s. 82-93.

Lemaire, L. (2003) *Systèmes de gestion intégrés. Des technologies à risques?* Paris: Éditions Liaisons.

Mintzberg, H., Thomas, J. M. ve Bennis, W.G. (1972) *Strategy Safari: Değişim ve Çatışma Yönetimi.* New York: The Free Press.

Peretti, J.-M. (1998) *Ressources humaines et gestion du personnel.* Paris: Vuibert.

Perret, V. (Tarih yok) *Rythme et processus de changement : processus incrémental ou révolutionnaire.* Dossier Management du Changement et TIC. [Çevrimiçi]. [Erişim tarihi: 23 Aralık 2014]. Erişim adresi: < http://dea128fc.free.fr/CoursA/A2-ManagementChangement&TIC/expo/valery/DEA128FC-Processus%20incr%E9mental%20et%20r%E9volutionnaire.pdf>

Perret, V. ve Josserand, E. (2003) *Le paradoxe. Penser et gérer autrement les organisations.* Paris: Éditions Ellipses.

Pettigrew, A. (1987) Context and Action in the Transformation of the Firm. *Yönetim Çalışmaları Dergisi.* 24(6), s. 649-670.

Quinn, J. B. (1980) *Değişim Stratejileri: Mantıksal Artımcılık.* Homewood, Illinois: Richard D. Irwin, Inc.

Reix, R. (1990) L'impact organisationnel des nouvelles technologies de l'information. *Revue française de gestion.* pp. 100-106.

Romanelli, E. ve Tushman, M. (1996) Atalet, Ortamlar ve Stratejik Seçim: Karşılaştırmalı Boylamsal Araştırma için Yarı Deneysel Bir Tasarım. *Yönetim Bilimi.* 32(5), s. 608-621.

EK KAYNAKLAR

Mullins, L. J. (2016) *Yönetim ve Örgütsel Davranış.* Edinburgh: Pearson.

Sizden haber almak istiyoruz!
Çevrimiçi kütüphaneniz hakkında yorum bırakın
ve favori kitaplarınızı sosyal medyada paylaşın!

Yayıncı, yayınlanan bilgilerin güvenilirliğini garanti eder, ancak sorumluluğunu üstlenemez.

Ana ISBN: 9782808600651
Kağıt ISBN: 9782808602105
Yasal depozito: D/2022/12603/211

Dijital tasarım: Primento,
yayıncıların dijital ortağı.